Made in the USA
Las Vegas, NV
06 December 2023

82240703R00175